APRENDE A AUTOEVALUARTE EN EL TRABAJO

Los trucos para conocer tus puntos fuertes y aprender de tus errores

Por Nicolas Zinque

Traducido por Laura Soler Pinson

Coaching   en50MINUTOS.es

LAS CLAVES PARA EL ÉXITO

Triunfa con un CV eficaz

Aprende a resolver conflictos

Mejora tu concentración

Supera tu entrevista de trabajo

www.en50minutos.es

¿CÓMO PUEDE AYUDARME LA AUTOEVALUACIÓN?

- **¿Problemática?** ¿Cómo desarrollo un programa de evaluación eficaz para analizar correctamente mis competencias?
- **¿Utilidad?** Evaluar de manera realista nuestros puntos fuertes y débiles y nuestro rendimiento nos permite mejorar y alcanzar más rápidamente nuestros objetivos a través del autoconocimiento.
- **¿Contexto profesional?** Desarrollo de las competencias, gestión, gestión de carrera, motivación, formación, inventario profesional.
- **¿Preguntas frecuentes?**
  - ¿Cuándo debo proceder a evaluarme?
  - ¿Con qué frecuencia debo planificar mis autoevaluaciones?
  - ¿Qué peligros puedo encontrarme cuando me evalúo?
  - ¿Qué diferencia existe entre una tabla de evaluación y una tabla de autoevaluación?
  - ¿Cómo puede ayudarme la autoevaluación a preparar mi entrevista anual?
  - ¿Qué hago si los resultados de mi balance personal no se corresponden con los de mi evaluación anual?
  - ¿Debo animar a mis empleados a que procedan a autoevaluarse?

No somos ajenos a la evaluación; de hecho, pertenece a nuestra cultura, puesto que, ya desde nuestros inicios en la escuela, atravesamos esta etapa que no siempre resulta agradable. Y aunque ya no obtenemos buenas o malas notas en el ámbito profesional, con frecuencia debemos enfrentarnos a los comentarios de nuestros superiores. Si bien a veces tememos estas evaluaciones y, a menudo, las criticamos, tenemos que admitir su utilidad, sobre todo para analizar nuestros progresos. Sin embargo, evaluar es mucho más complicado de lo que parece, sobre todo si asumimos tanto el papel de evaluador como de evaluado. En efecto, cuando somos los únicos capitanes a bordo, resulta mucho más fácil perder el control.

No obstante, ser capaz de autoevaluarse correctamente es una competencia indispensable en el mundo laboral, ya sea para el empleador, que desea contratar a una persona autónoma, capaz de analizar su trabajo, sus fracasos y sus éxitos para progresar, o ya sea para el empleado que la efectúa, que termina siendo el primero en beneficiarse. La autoevaluación te ayudará a prevenir los posibles obstáculos y a alcanzar tus objetivos más fácilmente. Así, tendrás más posibilidades de obtener un resultado favorable en ese proyecto en el que tanto te has implicado, en ese expediente tan importante que tu jefe te ha confiado o, incluso, en esa entrevista de evaluación anual.

En 50 minutos, esta guía te ayudará a crear una tabla de autoevaluación personalizada con el fin de que analices objetivamente tus resultados, definas tus puntos fuertes y los elementos que podrías mejorar para aumentar tu productividad, y te sientas realizado a nivel profesional.

EL ABECÉ DEL MAESTRO DE LA AUTOEVALUACIÓN

¿QUÉ ES LA AUTOEVALUACIÓN?

El proceso en unas palabras

Este concepto se compone de dos palabras que, si las analizamos por separado, se entienden a la perfección:

- «evaluación» que, según la definición que nos ofrece el DRAE, es la «acción y efecto de evaluar», de «señalar el valor de algo»;
- «auto» que significa «uno mismo».

La mayor parte del tiempo, evaluamos a personas de nuestro entorno o ellas nos evalúan a nosotros. Sin embargo, la particularidad de la autoevaluación es que el individuo la ejerce sobre sí mismo. En teoría, solo cambia el objeto, pero en la práctica, esto acarrea consecuencias importantes. ¿Alguna vez te has dado cuenta de que no nos tratamos igual a nosotros mismos que a los demás? Algunos muestran indulgencia e, incluso, laxismo para consigo; sin embargo, otros son más intransigentes con ellos mismos que con los demás.

Más que una acumulación de palabras, la autoevaluación define un proceso complejo que podemos ejemplificar con el culturismo (*bodybuilding* en inglés). Seguro que has escuchado hablar de este deporte en el que la gente desarrolla su masa muscular con un fin puramente estético y, a continuación, expone su cuerpo en competiciones. Cuando estos individuos se entrenan ante un espejo, no solo es para admirar el resultado, sino sobre todo para evaluar su trabajo. Cada persona tiene su propia fisiología, y esto facilita u obstaculiza el desarrollo muscular de ciertas partes de su anatomía. Por lo tanto, el culturista debe aprender a conocer su cuerpo, sus puntos fuertes y, sobre todo, sus puntos débiles. En efecto, aunque trabajar sus puntos fuertes siempre le resultará más gratificante, tendrá que encontrar un equilibrio si quiere obtener un cuerpo armonioso. Se basará en un primer balance para desarrollar un programa de entrenamiento adecuado que le permita alcanzar su objetivo. Irá ajustando periódicamente sus ejercicios en función de su evolución. Solo llegará a su meta al final de todo ese esfuerzo.

En eso consiste la autoevaluación: en que aprendamos a conocernos mejor a nosotros mismos, en que nos atrevamos a mirar nuestro reflejo en el espejo y en que establezcamos un balance objetivo analizando nuestros puntos fuertes y débiles para alcanzar nuestro objetivo. Es importante que trabajemos en un programa de evaluación personalizado, puesto que algunas personas aprenderán más rápidamente algunas competencias.

Consejo

La comparación con el ámbito deportivo no es fruto del azar. En efecto, aunque los grandes campeones se rodean de un equipo formado por un entrenador y por preparadores físicos y mentales, entre otros, alcanzan la gloria sobre todo gracias a su trabajo, a su disciplina y a su capacidad para evaluarse. En las entrevistas, los deportistas a menudo desvelan consejos relacionados con su estado anímico y con sus métodos de entrenamiento. Inspírate de ellos. Además, si pierdes de vista tu objetivo, aférrate al ejemplo del culturismo: imagina tu proyecto como el cuerpo de un culturista e identifica las partes que deben mejorarse.

¿En qué contexto la utilizo?

La autoevaluación puede resultar útil en tres situaciones diferentes, basándose en los criterios de «antes, durante, después».

- **«Antes»:** a lo largo de nuestra vida, debemos tomar con frecuencia decisiones importantes que pueden acarrear graves consecuencias a largo plazo («¿Me arriesgo a dejar mi contrato indefinido para perseguir mi sueño de emprendedor independiente?»). Antes de empezar una nueva aventura o un expediente complicado, es necesario que lleves a cabo una evaluación para analizar los pros y los contras y, sobre todo, para comprender lo que implica y los retos que conlleva.
- **«Durante»:** en medio de un proyecto, te das cuenta de que te estás desviando de tu objetivo inicial o que el contexto ha cambiado con el anuncio de una nueva herramienta, la modificación del público del futuro producto, la reducción del presupuesto básico, etc. Es el momento de evaluar la situación para ajustar los medios que te permitirán alcanzar tu objetivo, si fuera necesario.

- **«Después»:** una vez que ha concluido un proyecto, la autoevaluación es igual de importante para tus futuros trabajos. ¿Quieres saber por qué ha resultado tan arduo llevar a cabo un proyecto tras haber trabajado varios meses en él? ¿Acabas de incorporarte a una empresa y te enfrentas a tu primera entrevista de evaluación? Un balance te ayudará a sacar conclusiones sobre el trabajo que has efectuado.

Sus beneficios

Si tuvieras que quedarte con una sola ventaja, sería la siguiente: un mejor conocimiento de uno mismo. Más que una baza profesional, atrevernos a mirarnos en el espejo y comprender cómo funcionamos constituye una auténtica ventaja en la vida. Cuanto más te enfrentes a ti mismo, más podrás corregir tus defectos y progresar, puesto que la autoevaluación se inscribe en el marco de un aprendizaje permanente. Entre sus múltiples beneficios, podemos citar los siguientes:

* una capacidad para analizar la situación y para anticipar las futuras dificultades;
* un refuerzo de la autonomía y de las facultades de adaptación;
* un trampolín hacia la realización profesional.

UN OBJETIVO CLARAMENTE DEFINIDO

«Establecer un balance»: esta expresión, tan manida, solo tiene sentido si se completa. Sí, establecer un balance, ¿pero sobre qué? ¿En qué contexto? Es importante que aclaremos el proceso y que detallemos al máximo nuestro objetivo para saber qué dirección tomaremos.

EJEMPLOS

* Actualmente, soy administrativo, pero quiero crear mi propia empresa de productos etiquetados como «biológicos» en dos años máximo. ¿Qué nivel de competencias y de conocimientos tengo para alcanzar con éxito mi reciclaje profesional?
* Soy gestor de proyectos y estoy en mitad de uno. Me gustaría saber en qué punto me encuentro.
* Quiero prepararme para la evaluación periódica de mi empresa (en este caso, la petición de autoevaluación puede venir de tu superior) identificando

mi aporte a la compañía.

Ten en mente que no siempre definirás tú mismo el objetivo. Si tu superior te pide que «hagas un balance acerca de tu implicación en la empresa», puedes pedirle más detalles para saber qué espera de ti exactamente.

Es tan importante la persona que presenta la solicitud que, a veces, deberás establecer varias tablas para un mismo objetivo. Por ejemplo, como jefe de proyecto, remitirás una evaluación de tu trabajo a la dirección de tu empresa, pero también a tu cliente. Obviamente, la evaluación no se elaborará de la misma manera.

UN ESTADO ANÍMICO ADECUADO

Debes abordar la autoevaluación con un estado anímico adecuado, puesto que, en caso contrario, corres el riesgo de no efectuarla adecuadamente. Por lo tanto, debes retener algunos principios.

Ser positivo

Para muchos, la evaluación representa un momento desagradable, puesto que puede desembocar en una sanción. Cuando tu jefe te pide que analices un proyecto que no ha funcionado correctamente, a veces adoptas una actitud a la defensiva, puesto que temes que te culpen de ello. No olvides que el objetivo es tu progreso. Si tienes problemas durante el proceso, piensa en los beneficios que te aportará. Aunque admitir nuestros defectos y nuestros errores puede parecer difícil, formularlos constituye la primera etapa de nuestra evolución.

Ser objetivo

La emoción es la principal enemiga de la autoevaluación, puesto que nuestros sentimientos pueden nublar nuestra visión y perjudicar nuestro análisis. Además, al llevar a cabo este examen, nos chocamos de frente con nuestra autoestima. Así, las personas que tienen un gran ego corren el riesgo de sobrevalorarse, mientras que las que tienen una mala opinión de sí mismas se describirán de manera negativa.

Por lo tanto, este proceso requiere una gran objetividad por tu parte, dado que, para evaluarte, debes basarte en hechos y no en opiniones como: «Creo que mi nivel es malo» o «Me parece que no hago esto bien». Las expresiones «está bien» o «está mal» no quieren decir nada por sí solas: solo cuando las asociamos a un valor concreto adquieren sentido, en una tabla de autoevaluación, por ejemplo.

Por supuesto, la objetividad perfecta no existe, pero esto no significa que no podamos acercarnos a ella. Para eso, puedes seguir estos consejos:

- sé esquizofrénico. Dado que resulta más fácil juzgar a un tercero de manera objetiva, imagina que te han pedido que analices la situación de un compañero al que no conoces;

  «Trabajé durante varios años con un compañero que se

preparaba de una forma original para su evaluación anual. Se imaginaba que evaluaba a su gemelo en vez de a sí mismo. Para él, era una solución ideal: basándose en los vínculos especiales que lo unían a su hermano, lograba tomar distancia» (Jean-Claude, empleado administrativo en el sector público).

- pide opinión a personas externas sobre tu trabajo, tu comportamiento, etc.;
- aprende a conocer tus sesgos (con ello, nos referimos a la visión deforme que percibimos de la realidad) y, en vez de cambiarlos, compénsalos en tu tabla de autoevaluación con puntos fuertes.

Ser realista

Ser objetivo te permitirá, sobre todo, ser más realista, que es otro de los principios esenciales. En efecto, para que una autoevaluación sea eficaz, tendrás que encontrar el punto intermedio y evaluarte con pragmatismo. De hecho, si te sobrevaloras o te subvaloras, te arriesgas a atascarte en la realización de tus objetivos, a pasar con ello más tiempo de lo previsto, a negarte a pedir ayuda, ya que estás seguro de poder salir adelante solo, o a renunciar a participar en un proyecto por miedo a no poder gestionar ese trabajo suplementario. En cualquiera de los casos, el desánimo está al acecho. No intentes atribuirte falsas cualidades o defectos imaginarios, puesto que esto te perjudicará.

Ser honesto consigo mismo

Cuando tienes que rendir cuentas a una persona externa, buscar excusas para intentar salir ileso es una opción; por el contrario, te resultará más difícil mentirte a ti mismo y no te servirá de ninguna ayuda la táctica del avestruz. Asume tus responsabilidades. Por supuesto, existen imprevistos reales, pero, a menudo, la verdadera causa proviene de una ausencia de voluntad o de disciplina. Evaluarse es extremadamente difícil, ya que este proceso nos pone frente a nuestras responsabilidades y no nos deja escapatoria. No temas, nadie te pide que lo logres a la primera, pero no te escondas detrás de falsos pretextos.

LA TABLA DE AUTOEVALUACIÓN

Esta herramienta te puede ayudar a efectuar tu autoevaluación. En efecto, al estructurar tus reflexiones y tus competencias en forma de tabla, podrás analizarlas más fácilmente. La tabla de autoevaluación incluye tres elementos:

- **los criterios** son los elementos evaluados y constituyen los puntos que te permitirán llegar a una conclusión acerca de la situación;
- **los elementos observables** representan los comportamientos o las características ligadas a los criterios;
- **la escala de valores** corresponde al sistema de evaluación de tus criterios. Está compuesta por grados a los que se les asigna un valor o un comentario.

A continuación, presentamos un tipo de tabla de evaluación. Encontrarás otros ejemplos en la sección «¡Ahora es tu turno!».

¿Soy un buen gestor de proyectos?

Criterios	Elementos observables	Escala de valores (grados)				
Gestionar un equipo	• Motivar al equipo	1	2	3	4	5
	• Resolver conflictos	1	2	3	4	5
	• Etc.					
Gestionar un presupuesto	• Evaluación del presupuesto inicial	1	2	3	4	5
	• Gestión de los imprevistos	1	2	3	4	5
	• Etc.					

PEQUEÑO PLUS

Los criterios y los elementos observables pueden diferir según el grado de precisión de tu tabla. En nuestro ejemplo, la persona quiere obtener una visión global de su función de gestor con sus puntos fuertes y sus puntos débiles. En cuanto identifique estos últimos, podrá volver a realizar un análisis más detallado, retomando cada criterio de manera individual y atribuyéndole nuevos elementos observables. Independientemente de la situación, básate en elementos concretos para que tu tabla resulte eficaz y para determinar si has alcanzado tus objetivos.

Los criterios de evaluación y los elementos observables

La elección de los criterios constituye una etapa esencial a la que debes prestar especial atención, puesto que deben ser pertinentes teniendo en cuenta el objetivo de la tabla. En caso de que no hayas pedido tú esta tabla, la persona que la haya solicitado debe definir la pertinencia de los criterios y proporcionártelos. Así, puede que recibas una tabla que ya esté preparada. Sin embargo, por lo general, tú deberás determinar esos criterios gracias a tus documentos de trabajo, donde aparecen descritos tus objetivos. Por ejemplo, si se te ha entregado un pliego de condiciones para la gestión de un proyecto, puedes evaluarte tomando el objetivo, el plazo, el presupuesto y los recursos definidos en este documento. O, incluso, si acudes a tu primera entrevista de evaluación tras ser contratado, puedes basarte en la descripción del puesto en el anuncio y en los objetivos de tus primeras misiones.

Esta decisión resulta aún más difícil si eres autónomo, puesto que no tienes un superior y tú mismo debes fijar tus criterios de la nada. De nuevo, lo ideal es partir de tu objetivo y describirlo. Puedes organizar tu proyecto basándote en diferentes departamentos: comunicación, presupuesto, equipo, etc. Independientemente de si la idea de tu autoevaluación es tuya o no, recuerda estas recomendaciones:

- un criterio debe ser específico para tu objetivo. Si gestionas un equipo internacional, podrás preguntarte si has logrado superar las diferencias culturales, algo que, evidentemente, no tendría ningún sentido en un proyecto nacional. Algunos criterios son comunes para muchos

proyectos, pero intenta concretarlos al máximo;
- sé también preciso y factual. Si tu autoevaluación trata acerca de una fase particular de un proyecto, indica de manera adecuada este periodo y ten en cuenta únicamente los acontecimientos que estén relacionados con él;
- infórmate. Puedes consultar testimonios de personas que han vivido situaciones similares, tomar contacto con asociaciones activas en tu ámbito o, incluso, buscar modelos en internet. Este proceso te permitirá llegar a elementos en los que quizás no habías pensado. Además, al comparar tus fuentes, identificarás los criterios más citados y los que no se mencionan nunca: esto podría resultar ser un buen indicador de su pertinencia.

Pregúntate en qué medida es indispensable cada criterio de la lista para alcanzar el objetivo fijado. ¡Cuanto más precisos sean, más clara resultará tu idea sobre la situación! Sin embargo, dependiendo de las situaciones, no siempre es necesario detallarlo todo. En efecto, la tabla te puede proporcionar un panorama general (si estás al inicio de un proyecto) para allanar el camino o para profundizar en el asunto. Además, asegúrate de que la información no se solape: tus elementos observables no pueden pertenecer a varios criterios. Si esto sucede, detalla más estos últimos. Existen dos métodos para enumerar tus criterios:

- citar todos los elementos observables y agruparlos por categorías. Estas formarán los diferentes criterios;
- definir primero los criterios y, a continuación, buscar los elementos observables correspondientes.

Si tu tabla trata sobre una situación que no conoces bien (por ejemplo, un reciclaje profesional), da prioridad al segundo método; si no es el caso, escoge el que prefieras. Sea como sea, intenta no exponer más de diez criterios para no dispersarte. Estos pueden formularse de las siguientes maneras:

- como una pregunta: «¿He sabido motivar a mi equipo?»;
- como una afirmación: «Soy capaz de motivar a mi equipo»;
- como una acción o una competencia: «Capacidad para motivar a mi equipo».

La escala de valores

Podemos distinguir dos tipos de escalas: aquellas en las que los grados tienen un valor y aquellas en las que los grados son comentarios.

La primera categoría está conformada por las escalas numéricas (1, 2, 3, 4, 5) y alfabéticas (A, B, C, D, E). Si prefieres un soporte visual, también puedes optar por una representación gráfica. En la segunda categoría, las escalas tienen un valor cualitativo como «mediocre», «aceptable», «bien», «muy bien», «excelente». También puedes utilizar una representación simbólica (emoticonos, concepto meteorológico, etc.) para dinamizar tu tabla.

Tabla recapitulativa

Escala	Tipo de escala	Utilidad
1 2 3 4 5	Escala numérica	La más clásica, ideal para la autoevaluación. Permite comparar fácilmente varias tablas si implementas un programa.
A B C D E	Escala alfabética	Ídem.
	Escala gráfica	Es más estética que práctica. No intentes ser demasiado preciso, puesto que corres el riesgo de dedicarle mucho tiempo inútilmente. Por el contrario, si la rellenas a ojo, te mostrarás demasiado impreciso. Un consejo: divídela previamente en cinco o en diez porciones para que sea más visual.

Escala	Tipo de escala	Utilidad
Insuficiente, pasable, satisfactorio, bueno, excelente.	Escala cualitativa	Su mayor baza es que es modulable: puedes formular grados diferentes en función del criterio.
☹ ☺ ☺	Escala simbólica	Esta escala suaviza el carácter escolar de la evaluación y la muestra más agradable.

ALGUNOS CONSEJOS

- El número de grados se sitúa habitualmente entre tres y siete para no complicar demasiado el ejercicio. A menudo, dos grados se corresponden con los valores «sí» y «no». Apuesta también por un número impar, que justifica una elección en el punto medio. En muchos casos, cinco constituye la cifra ideal.
- Normalmente, las escalas figuran en orden creciente: el valor más pequeño a la izquierda y el más elevado, a la derecha.
- Sea cual sea la escala elegida, debes definir con precisión qué significa cada grado. ¿En una escala conformada por cinco escalones, el tercero significa 3/5, es decir, 60%, o marca la mitad, es decir, 50%? Y, en ambos casos, ¿cómo determinas si se alcanza una nota o no?

Analizar las respuestas

Una vez que has completado la tabla, identifica los criterios que resaltan positivamente y aquellos que resultan ser negativos para reconocer tus competencias adquiridas y las que debes mejorar. Puedes establecer la media de tus notas para obtener un panorama global de la situación. No obstante, pondera tu juicio, puesto que no todos los criterios tienen obligatoriamente el mismo peso. Puedes clasificarlos en elementos prioritarios y secundarios. Así, si obtienes resultados negativos en los criterios secundarios, pero llegas a una muy buena puntuación en criterios prioritarios, estarás más cerca de tu objetivo que en el caso contrario.

Ha llegado el momento de que reflexiones acerca de las razones y de los factores que explican estos resultados para no repetir los mismos errores. La situación en la que te encuentras influirá el tipo de explicaciones que presentarás.

- Si se trata de un proyecto profesional, pueden existir imprevistos que no dependen de tu voluntad (enfermedad, quiebra de la empresa socia del proyecto, etc.). Sin embargo, intenta asumir tus responsabilidades: si has superado el plazo o el presupuesto previsto, quizás no los habías evaluado correctamente. O si tu equipo no ha alcanzado su objetivo, quizás te has comunicado mal con sus miembros.
- En el marco de una preparación para la entrevista de evaluación anual, te das cuenta de que no has sido capaz de completar el número de expedientes necesario: ¿has trabajado demasiado lento? En caso afirmativo, ¿por qué pierdes tiempo? ¿Te ha molestado un compañero? ¿Es la

primera vez que llevas a cabo este tipo de tarea?

El análisis de cada autoevaluación depende en parte de la situación y del objetivo. Una vez que se determinan los puntos de mejora y las competencias adquiridas, puedes sacar partido de esta información para buscar soluciones y progresar: seguir una formación, documentarse sobre un tema en particular, elaborar un procedimiento para no repetir los mismos errores, organizar una reunión para reorientar al equipo, etc.

EL PROGRAMA DE AUTOEVALUACIÓN

Para muchos, la autoevaluación se limita a un balance ocasional: hago mi tabla, la completo, saco conclusiones y paso a otra cosa. Sin embargo, el proceso no se detiene aquí. Cuando has encontrado las soluciones adecuadas para lograr tu objetivo, tienes que asegurarte de llevarlas a cabo.

Para ello, establece un programa de evaluación programando un balance inicial y uno final, y otros intermediarios. Estos últimos podrán efectuarse:

- a intervalos regulares (cada semana, quincena, mes, trimestre, semestre) en función de lo que dura tu programa. Por supuesto, si te surge alguna dificultad en particular, no esperes a la próxima autoevaluación y corrige el problema lo más rápido posible;
- cuando se alcanza un objetivo intermediario (has adquirido una nueva competencia, has cumplido un subobjetivo del proyecto, etc.).

Deberás mostrarte especialmente atento en el balance inicial, en torno al que trazarás las grandes líneas de tu proyecto, y en el balance final, que lo cierra y que permite sacar conclusiones que te resultarán útiles en tus encargos venideros. Establecer un programa de autoevaluación te permitirá:

- ser más autónomo;
- reajustar el camino hacia tu objetivo, si fuera necesario;
- progresar a tu ritmo.

PEQUEÑO PLUS

Un programa de autoevaluación puede resultar útil en cualquier empleo. Al evaluarte de forma periódica, serás capaz de mejorar tu eficacia y de identificar los momentos en los que pierdes fuerza. Además, estarás mejor preparado para tu entrevista de evaluación, puesto que tendrás verdaderos argumentos en los que basarte.

LOS MEJORES CONSEJOS

- Para que tu autoevaluación sea constructiva, intenta llevarla a cabo en unas buenas condiciones. Sitúate en un lugar tranquilo, en un espacio y en un momento en el que nadie te vaya a molestar. También debes estar en el estado anímico adecuado: bien descansado, sin estrés y dispuesto a razonar positivamente. Para acabar, no te precipites, tómate tu tiempo para reflexionar sobre cada criterio.
- Sé lo más objetivo posible. Inventar falsas competencias no te ayudará a mejorar. Al contrario, incluso podrías acabar fracasando en tu objetivo o perder credibilidad frente a tu empleador. El objetivo de la autoevaluación es que nos evaluemos en nuestra justa medida, que destaquemos nuestras cualidades y que cuestionemos nuestros puntos débiles.
- Antes de iniciar la elaboración de tu tabla, piensa en la que más te conviene: ¿qué forma? ¿Qué escala de valores y qué representación? No dudes en crear tu propio sistema de notación, pero no olvides dar un valor preciso a cada grado. Tienes que prestar tanta atención a la elaboración de la tabla como a las respuestas.
- En ciertas situaciones, puede resultar útil que evalúes tu conocimiento de un criterio, independientemente de tu capacidad para ponerlo en práctica (los conocimientos prácticos). ¡Elabora dos tablas y compáralas!
- De hecho, no dudes en construir varias tablas: en algunos casos, el objeto de tu evaluación abarca diversas temáticas, y sería demasiado complicado insertarlo todo

en una sola tabla. Recuerda el ejemplo del empleado administrativo que quiere poner en marcha su empresa de productos biológicos: tendrá que elaborar una tabla «competencias relacionadas con el emprendimiento», una tabla para comprobar sus habilidades en el segmento de mercado de los productos biológicos, etc.

- Compara tus resultados con tus balances anteriores, pero también, si es posible, con los de tus compañeros. Esta pequeña competición debe tener un objetivo positivo: que mejores tomando lo mejor de cada uno.
- Otorga importancia a tu autoestima, que se corresponde con la valoración que haces de ti mismo. Cuando uno tiene una imagen deplorable de sí mismo, tiende a atribuirse notas negativas, a no constatar sus progresos e, incluso, a sabotear sus éxitos. El objetivo de una tabla de autoevaluación es impedir que la autoconfianza interfiera en la elaboración del balance de sus competencias (en un sentido negativo o positivo), incluso aunque parezca imposible ser totalmente objetivo. Intenta comprender cómo te percibes. Algunas disciplinas, como el yoga o la meditación, pueden ayudarte.
- Celebra como se merece cada objetivo alcanzado, cada autoevaluación finalizada con éxito y asócialos a una recompensa. ¿Y los resultados negativos? Transfórmalos en perspectivas positivas: ¡considéralos un nuevo desafío y piensa en tus futuros éxitos!
- Coloca tu tabla en un lugar visible y, de vez en cuando, échale un vistazo: así, tendrás más cuidado con tus puntos débiles previos.

PREGUNTAS FRECUENTES

¿CUÁNDO DEBO PROCEDER A EVALUARME?

En cualquier situación profesional (inicio de un proyecto personal, cambio de trabajo, reciclaje) o personal, se puede evaluar todo. Podríamos pasarnos la vida analizando nuestros actos, pero esto resultaría muy molesto. Por lo tanto, se recomienda particularmente la autoevaluación antes de tomar una decisión importante, puesto que te permitirá entender correctamente los desafíos y los riesgos a los que te expones y tomar el buen camino. Como tal, debería ser parte integrante de cualquier proyecto, individual y colectivo.

También parece constructivo elaborar un balance cuando sentimos que algo no funciona, tanto en la vida privada como en la profesional, para poder realizar las modificaciones pertinentes a tiempo. Sin embargo, lo ideal es programar de manera regular evaluaciones para prevenir estas situaciones. Deja de considerar que la autoevaluación es una tarea molesta, enfréntate a ella y conviértela en tu mejor baza.

¿CON QUÉ FRECUENCIA DEBO PLANIFICAR MIS AUTOEVALUACIONES?

Opta por una evaluación semanal, de entre treinta minutos y una hora. El viernes es una buena opción, ya que así podrás elaborar un balance de la semana que termina y planificar la que viene. En cuanto al momento ideal para practicar la evaluación, existen varias posibilidades:

- al principio de la jornada, entre las 8:00 y las 10:00. Todavía estás fresco y en plena forma para encargarte de esta fase de trabajo intenso;
- o, por el contrario, al final de la tarde (por ejemplo, entre las 15:00 y las 17:00). Te encuentras en la situación contraria: ves con deseo el fin de semana y ya no te concentras en el trabajo cotidiano. Bien, en ese caso, apártalo y pasa a otra tarea con la autoevaluación. Esta elección se basa en la psicología: al igual que sucede en una película o en una novela que pone toda su fuerza en el final, te concentras por última vez y lo das todo para tu evaluación personal. Sin embargo, el riesgo de convertir este ejercicio en una chapuza es más elevado con esta planificación.

Si trabajas en proyectos a medio (varios meses) y a largo (un año o más) plazo, espacia más en el tiempo tus evaluaciones, pero no dudes en llevar a cabo una si te surge una duda o un problema. Imagina que, después de un mes, descubres que has tomado un camino equivocado, ¡qué pérdida de tiempo! Ten en cuenta también que tienes que realizar un balance siempre que se alcanza un subobjetivo. Estas distintas evaluaciones te permitirán observar tu progresión y determinar los puntos de mejora.

¿QUÉ PELIGROS PUEDO ENCONTRARME CUANDO ME EVALÚO?

El mayor peligro... ¡eres tú mismo! En efecto, resulta tentador embellecer la evaluación. Esto satisface el ego, pero puede perjudicarte a largo plazo y, sobre todo, invalida el proceso. Debes mostrarte honesto y objetivo para poder sacar conclusiones realistas.

La elaboración de una tabla de autoevaluación también puede ser una ardua tarea. A veces, debes crearla con criterios que desconoces o que no dominas. Dependiendo de tu situación, recopila información en asociaciones y organismos que podrán orientarte.

¿QUÉ DIFERENCIA EXISTE ENTRE UNA TABLA DE EVALUACIÓN Y UNA TABLA DE AUTOEVALUACIÓN?

Se diferencian en que la primera se realiza con el objetivo de medir las competencias de un tercero, mientras que la segunda se elabora para que nos evaluemos a nosotros mismos. Esto conlleva consecuencias, sobre todo en la elección de los criterios que se observarán o en la escala de valores empleada. Por ejemplo, los grados de una tabla de evaluación deben ser lo suficientemente explícitos para que todos los usuarios los interpreten de la misma manera, ya que, de lo contrario, el resultado podría estar distorsionado. Esta es la razón por la que se prefieren las escalas descriptivas (aceptable, satisfactorio, etc.) en el ámbito pedagógico.

¿CÓMO PUEDE AYUDARME LA AUTOEVALUACIÓN A PREPARAR MI ENTREVISTA ANUAL?

En el ámbito laboral, nos vemos sometidos con frecuencia

a evaluaciones que funcionan con diferentes metodologías: cuestionarios que rellenar, informes que redactar, etc. En algunas ocasiones, también se te pedirá que lleves a cabo tu autoevaluación; a continuación, esta se comparará con la opinión de tu superior. Sin embargo, estamos poco preparados para este ejercicio y, a menudo, falta información en nuestros balances. Efectivamente, resulta difícil acordarse del expediente X que acabaste hace tres meses si no tomaste notas... Si estableces tu propio programa de autoevaluación, podrás evaluar periódicamente tu trabajo y guardar pruebas escritas de él. Aunque este ejercicio no tenga nada de oficial, será beneficioso para ti, puesto que estarás preparado para efectuar una evaluación crítica de tu trayectoria cuando debas hacer la evaluación con tu superior.

¿QUÉ HAGO SI LOS RESULTADOS DE MI BALANCE PERSONAL NO SE CORRESPONDEN CON LOS DE MI EVALUACIÓN ANUAL?

Empieza por preguntarte por qué tu superior percibe de una manera diferente tu trabajo. Debes saber que esto no significa que uno tenga razón y el otro se equivoque: estas distintas percepciones pueden deberse a información que una de las dos partes desconoce. Comprueba que ambos os basáis en hechos y no en opiniones o en «se dice que». ¿A lo mejor consideras que los criterios de evaluación no son justos? En tal caso, expresa tu punto de vista. Si tus observaciones son pertinentes, es probable que anotes un tanto.

Si, manifiestamente, tu superior se equivoca, la situación resulta más delicada. Intenta exponer argumentos sin que eso signifique que lo acuses o lo agredas. Si has preparado bien tu entrevista, serás capaz de responder a todas sus preguntas. Por el contrario, si eres tú quien se equivoca, no busques negarlo, vuelve a levantarte y propón soluciones. Podrás retomar tu autoevaluación más adelante para comprender qué puntos habías elaborado erróneamente.

¿DEBO ANIMAR A MIS EMPLEADOS A QUE PROCEDAN A AUTOEVALUARSE?

¡Sí y mil veces sí! Les darás responsabilidades y los convertirás en personas más autónomas. La autoevaluación es tan eficaz que, según el artículo *This is the internal grading system Google uses for its employees. And you should use it too*, el gigante Google lo integró en su funcionamiento ya desde sus primeros años de existencia. Para cada objetivo fijado (que los mismos empleados han determinado), los equipos de Google se atribuyen una nota en vez de que sea su mánager quien los evalúe. Google utiliza un sistema de notación de entre 0 y 1 y el objetivo es alcanzar un 0,6 o un 0,7. Si estás cerca del 1, significa que el objetivo no era lo suficientemente elevado. Por el contrario, por debajo de 0,4, el equipo debe cuestionar su trabajo.

¡AHORA ES TU TURNO!

Si decimos que, potencialmente, existen tantas tablas como usuarios y situaciones, apenas estamos exagerando. Por lo tanto, para llevar a cabo una autoevaluación eficaz, es conveniente que elaboremos previamente nuestra propia tabla. Puedes inspirarte en los ejemplos que te presentamos a continuación.

LA TABLA CLÁSICA

Título de tu tabla

Criterios	Elementos observables	Escala de valores (grados)	Comentarios
Criterio 1	• Elemento observable 1 • Elemento observable 2 • Etc.	1 2 3 4 5 1 2 3 4 5 1 2 3 4 5	
Criterio 2	• Elemento observable 1 • Elemento observable 2 • Etc.	1 2 3 4 5 1 2 3 4 5 1 2 3 4 5	

Este tipo de tabla ya ha demostrado su validez y sigue siendo eficaz. La casilla «Comentarios» puede servirte para describir la situación que has vivido o para justificar la valoración que te atribuyes. Sin embargo, evita recargar la hoja, limítate a un breve comentario de tres líneas como mucho o, incluso, de algunas palabras clave. Para acabar, para una presentación más ligera, construye tu tabla usando el formato «horizontal».

LA TABLA DE ESCALA BINARIA

Expresa los criterios en forma de preguntas o de afirmaciones, responde con «sí» o «no» y justifica tu decisión. Este modelo te obliga a decidir, lo que constituye su punto fuerte y débil a la vez. Hace hincapié en el porqué, más que en la nota, y, de esta manera, te permite comprender mejor qué te frena.

La tabla de escala binaria

Criterio	Sí – No	Justificación
¿He transmitido toda la información necesaria a mi equipo?	No	Tras una semana, me he dado cuenta de que mi equipo se ponía en contacto con proveedores cuando ya se había iniciado un estudio de mercado.

LA TABLA SEMIABIERTA

Esta tabla incluye algunas preguntas abiertas. Se utiliza a menudo para dar un *feedback* (con respecto a una formación, por ejemplo) o en las entrevistas de evaluación anuales. Permite determinar la mayor parte de las respuestas y, a la vez, dejar un margen de libertad al usuario. En el marco de una autoevaluación puedes incluir algunas preguntas abiertas para ampliar tu visión global.

Retomando el ejemplo anterior, podríamos imaginar como pregunta abierta: «¿Se trata de una situación única en mi empresa o ha habido casos similares? ¿Qué pasó en ese momento?».

La tabla semiabierta

	Criterio	Tipo de escala				
Evaluación cerrada	Organización	1	2	3	4	5
	Gestión del tiempo	1	2	3	4	5
	Gestión de los recursos financieros	1	2	3	4	5
	Gestión de los recursos materiales	1	2	3	4	5
	Criterio					
Evaluación abierta	¿Cuáles han sido mis puntos fuertes en la gestión de este proyecto? Respuesta					
	¿Cuáles han sido mis puntos débiles en la gestión de este proyecto? Respuesta					

¡Tu opinión nos interesa!
¡Deja un comentario en la página web de tu librería en línea,
y comparte tus favoritos en las redes sociales!

PARA IR MÁS ALLÁ

FUENTES BIBLIOGRÁFICAS

- Debray, Cécile y Sarah Famery. 2010. *Le bilan de compétences*. París: Éditions d'Organisation.
- Korenblit, Patrick, Hélène Lehongre y Carole Nicolas. 2011. *Construire son projet professionnel... à partir du bilan de compétences*. París: ESF éditeur.
- Labruffe, Alain. 2009. *Les nouveaux outils de l'évaluation des compétences*. París: AFNOR Éditions.
- Peuple et Culture. 2003. *Penser avec l'entraînement mental. Agir dans la complexité*. Lyon: Chronique sociale.
- Yarow, Jay. "This is the internal grading system Google uses for its employees. And you should use it too". *Business Insider*. Consultado el 8 de marzo de 2017. http://www.businessinsider.com/googles-ranking-system-okr-2014-1?IR=T
- Yatchinovsky, Arlette y Pierre Michard. 1994. *Le bilan personnel et professionnel. Instrument de management*. París: ESF éditeur.

FUENTES COMPLEMENTARIAS

Acerca del balance de competencias y el proyecto profesional

- Andréani, Philippe, Delphine Barbier Sainte-Marie y Florence Pinaud. 2008. *Faire son bilan de compétences*. París: Studyrama.

- Aubin, Nadia. 2003. *Évaluation. J'ai la cote.* París: Éditions d'Organisation.
- Capel, Laurent. 2009. *L'évaluation des personnes. Théories et techniques.* Ginebra: Slatkine.
- D'Aboville, Arnaud, Marie-Madeleine Bernié y André Carpentier. 2003. *Entreprendre un bilan de compétences et réussir son projet professionnel.* París: Dunod.
- Douënel, Jacques y Lole Sédès. 2005. *Faites votre bilan personnel. Tests pour construire votre projet.* 2.ª edición. París: Éditions d'Organisation.
- Goetz, Corinne y Patrick de Sainte Lorette. 2014. *Le bilan de vos compétences. Des outils pour cerner votre personnalité et construire un projet professionnel en phase avec le marché.* París: Eyrolles.
- Lemoine, Claude. 2014. *Se former au bilan de compétences. Comprendre et pratiquer la démarche.* 4.ª edición. París: Dunod.
- Paquay, Léopold, Catherine Van Nieuwenhoven y Pascale Wouters. 2010. *L'évaluation, levier du développement professionnel? Tensions, dispositifs, perspectives.* Bruselas: De Boeck.

Acerca de la autoformación y del autoconocimiento

- Bandura, Albert. 2007. *Autoefficacité. Le sentiment d'efficacité personnelle.* Traducido por Jacques Lecomte. Bruselas: De Boeck.
- Bernhardt, Alexandre y Camille Lagrenaudie. 2012. *Êtes-vous ce que vous voulez être? Manuel de réalisation de soi*

dont vous êtes le héros. Toulouse: les éditions Équation
de la conscience.
- Gabilliet, Philippe e Yves de Montbron. 1998. *Se_former
soi-même. Les outils de l'autoformation*. París: ESF
éditeur.

Acerca de las evaluaciones en la empresa

- Hosdey, Alain. 2010. *Pour des entretiens d'évaluation
efficaces*. Lieja: Edipro.
- Noyé, Didier y Emmanuel Fauconnier. 2007. *Conduire un
entretien de développement professionnel*. París: Insep
Consulting.
- Lemmonier, Jacques. 2010. *Les objectifs individuels de
performance*. París: Vuibert.
- Teboul, Jacques. 2005. *L'entretien d'évaluation. Comment
s'y comporter. Comment le mener*. París: Dunod.
- Vidaillet, Bénédicte. 2013. *Évaluez-moi! Évaluation au
travail: les ressorts d'une fascination*. París: Éditions du
Seuil.